PHP

Sommario

Capitolo 1: Come, quando e perché

All'inizio degli anni 2000 PHP era un progetto open-source poco conosciuto, era adorato da tecnici esperti ma non ancora riconosciuto come la scelta popolare per lo sviluppo web così come avviene oggi. Quando ho imparato PHP, era disponibile pochissima documentazione sul linguaggio ma, per fortuna, oggi le cose sono diverse. Inoltre, PHP è ora il re in carica degli strumenti dinamici di web design e si è espanso un po' oltre il regno del solo sviluppo web. Nonostante la popolarità di PHP e la notevole documentazione disponibile adesso, del codice di esempio e degli esempi così come un buon libro che discuta del linguaggio sono davvero molto utili.

Sebbene PHP sia In continua evoluzione, un libro come questo, che insegna il linguaggio in termini semplici ma pratici, può ancora essere la tua migliore guida per apprendere le informazioni di cui hai bisogno.

Questo libro ti insegnerà PHP, fornendo sia una solida comprensione dei fondamenti sia un'idea di dove cercare informazioni più avanzate. Sebbene non sia un riferimento completo alla programmazione, questo libro, attraverso dimostrazioni ed esempi del mondo reale, fornisce le conoscenze necessarie per iniziare a creare siti Web dinamici e applicazioni Web utilizzando PHP.

PHP originariamente stava per Personal Home Page ed è stato creato nel 1994 da Rasmus Lerdorf per monitorare i visitatori del suo curriculum online. Man mano che la sua utilità e capacità crescevano (e quando cominciava ad essere utilizzato in situazioni più professionali), PHP arrivò a significare PHP: Hypertext Preprocessor. La definizione indica che PHP gestisce i dati prima che diventino HTML, che sta per Hypertext Markup Language.

Secondo il sito web ufficiale PHP, che si trova all'indirizzo www.php.net, PHP è "un popolare linguaggio di scripting generico particolarmente adatto allo sviluppo web". Più specificamente, PHP è un linguaggio di scripting comunemente incorporato nell'HTML.

Esaminiamo cosa significa in modo più dettagliato. Dire che PHP può essere incorporato nell'HTML significa che il codice PHP può essere scritto all'interno del tuo codice HTML, essendo HTML il linguaggio con cui sono costruite tutte le pagine web. Pertanto, la programmazione con PHP inizia come solo leggermente più complicata della codifica manuale in HTML.

Inoltre, PHP è un linguaggio di scripting, al contrario di un linguaggio compilato e ciò significa che PHP è progettato per fare qualcosa solo dopo che si verifica un evento, ad esempio quando un utente invia un modulo o accede a un URL (Uniform Resource Locator, il termine tecnico per un indirizzo web).

Un altro esempio popolare di linguaggio di scripting è JavaScript, che comunemente gestisce gli eventi che si verificano all'interno del browser. Sia PHP che JavaScript possono anche essere descritti come interpretati, perché il codice deve essere eseguito tramite un "eseguibile", come il modulo PHP o il componente JavaScript del browser. Al contrario, linguaggi compilati come C e C++ possono essere utilizzati per scrivere applicazioni autonome che possono agire indipendentemente da qualsiasi evento.

Dovresti anche capire che PHP è una tecnologia lato server e ciò si riferisce al fatto che tutto ciò che fa PHP si verifica sul server (al contrario del client, che è il computer utilizzato dall'utente che visualizza il sito Web). Un server è solo un computer configurato per fornire le pagine che vedi quando navighi sul web con il tuo browser. Vedremo questo processo in modo più dettagliato in seguito.

Infine, PHP è multipiattaforma, il che significa che può essere utilizzato su macchine che eseguono Unix, Windows, Macintosh e altri sistemi operativi. Ancora una volta, stiamo parlando del sistema operativo del server e non del client. Non solo PHP può essere eseguito su quasi tutti i sistemi operativi ma, a differenza di molti altri linguaggi di programmazione, ti consente di passare il tuo lavoro da una piattaforma all'altra con poche o addirittura nessuna modifica. Al momento della stesura di questo documento, PHP è disponibile nelle versioni 5.6.21 e 7.0.6.

Sebbene abbia scritto questo libro utilizzando una versione stabile di PHP 7, tutto il codice è retrocompatibile, almeno con la versione 5 di PHP. Ulteriori informazioni possono essere trovate su www.PHP.net e Zend (www.zend.com), una società chiave coinvolta nello sviluppo di PHP.

La cosa di PHP che confonde la maggior parte dei nuovi principianti è proprio ciò che PHP non può fare. Sebbene sia possibile utilizzare questo linguaggio per una straordinaria gamma di attività, il suo limite principale è che non può essere utilizzato per le funzionalità lato client presenti in alcuni siti Web. Utilizzando una tecnologia lato client come

JavaScript, è possibile creare una nuova finestra del browser, creare finestre di dialogo a comparsa, generare e modificare dinamicamente i moduli e molto altro ancora. Nessuna di queste attività può essere eseguita utilizzando PHP proprio perché PHP è lato server, mentre quelli sono funzioni del client. Tuttavia, puoi usare PHP per creare JavaScript, proprio come puoi usare PHP per creare HTML.

Quando arriva il momento di sviluppare i tuoi progetti PHP, ricorda che puoi usare PHP solo per inviare informazioni (HTML e simili) al browser. Non puoi fare nient'altro all'interno del browser fino a quando non viene effettuata un'altra richiesta dal server (è stato inviato un modulo o è stato fatto clic su un collegamento). Dopo questa premessa arriviamo alla domanda cruciale: perché utilizzare PHP?

In parole povere, PHP è migliore, più veloce e più facile da imparare rispetto alle alternative. Tutti i siti Web devono iniziare solo con HTML ed è possibile creare un intero sito utilizzando una serie di pagine HTML statiche. L'HTML di base, tuttavia, è un approccio limitato che non consente flessibilità o un comportamento dinamico. I visitatori che accedono a siti solo HTML vedono pagine semplici senza alcun livello di personalizzazione o comportamento dinamico.

Con PHP, puoi creare pagine interessanti e originali in base a qualsiasi fattore tu voglia considerare. PHP può anche interagire con database e file, gestire la posta elettronica e fare molte altre cose che l'HTML da solo non può. Gli sviluppatori web hanno imparato molto tempo fa che l'HTML da solo non produce siti web accattivanti e duraturi. A tal fine, le tecnologie lato server come PHP sono diventate davvero utili a fornire un supporto.

Queste tecnologie consentono agli sviluppatori di creare applicazioni web che vengono generate dinamicamente, tenendo conto degli elementi desiderati dal programmatore. Spesso basati su database, questi siti avanzati possono essere aggiornati e gestiti più facilmente rispetto alle pagine HTML statiche. Quando si tratta di scegliere una tecnologia lato server, le alternative primarie a PHP sono: ASP.NET (Active Server Pages), JSP (JavaServer Pages), Ruby (attraverso i framework Rails o Sinatra) e alcune più recenti che sfruttano JavaScript come Node.js.

Quindi la domanda è: perché uno sviluppatore web dovrebbe usare PHP invece di ASP.NET, Node.js o qualsiasi altro linguaggio per creare un sito web dinamico? PHP è molto più facile da imparare e da usare. I principianti, forse come te, senza alcuna formazione in ambito di programmazione possono scrivere facilmente script PHP dopo aver letto questo libro. In confronto, ASP.NET richiede una conoscenza di Visual Basic, C# o un altro linguaggio mentre Node.js richiede la conoscenza di JavaScript. Questi linguaggi sono più complessi e sono molto più difficili da imparare.

PHP è stato scritto specificamente per la creazione di pagine web dinamiche. L'obiettivo di Perl, VBScript, Java e Ruby non era lo stesso e questo suggerisce che, per il suo stesso intento, PHP può svolgere determinate attività più velocemente e più facilmente delle alternative. Vorrei chiarire che sebbene io stia suggerendo che PHP è migliore per alcune cose, in particolare quelle per cui è stato creato, PHP non è un linguaggio di programmazione "migliore" di JavaScript o C# infatti tali linguaggi possono fare cose che PHP non può fare.

Inoltre, PHP è sia open-source quindi gratuito che multipiattaforma. Pertanto, puoi imparare e utilizzare PHP su quasi tutti i computer e senza alcun costo.

La sua natura open-source indica che gli utenti di PHP stanno guidando il suo sviluppo e non qualche azienda.

PHP è lo strumento più popolare disponibile per lo sviluppo di siti Web dinamici.

Al momento della stesura di questo documento, PHP è in uso su oltre l'82% di tutti i siti Web ed è il sesto linguaggio di programmazione più popolare in assoluto.

Molti dei più grandi siti Web - Yahoo, Wikipedia e Facebook, solo per citarne tre - e strumenti di gestione dei contenuti come WordPress, Drupal, Moodle e Joomla, usano PHP.

Capitolo 2: Come funziona

PHP è un linguaggio lato server, il che significa che il codice che scrivi in PHP risiede su un computer "host" che invia le pagine web ai browser. Quando si accede a un sito Web (ad esempio www.miosito.com), il provider di servizi Internet (ISP) indirizza la richiesta al server che contiene le informazioni di www.miosito.com. Quel server legge il codice PHP e lo elabora secondo le sue istruzioni di script.

Quando il codice PHP dice al server di inviare i dati della pagina web appropriata al tuo browser sotto forma di HTML, PHP crea una pagina HTML al volo in base ai parametri di tua scelta. Ciò differisce da un sito generato da HTML in quanto quando viene effettuata una richiesta, il server invia semplicemente i dati HTML al browser: in tal caso non si verifica alcuna interpretazione lato server. Pertanto, per il browser dell'utente finale, potrebbe esserci o meno un evidente differenza tra l'aspetto di `home.html` e `home.php`, ma il modo in cui si arriva a quel punto è alterato in modo critico.

La differenza principale è che usando PHP, puoi fare in modo che il server generi dinamicamente il codice HTML. Ad esempio, potrebbero essere presentate informazioni diverse se è lunedì o martedì oppure se l'utente ha già visitato la pagina. La creazione dinamica di pagine web distingue i siti statici che sono meno attraenti da quelli interattivi che sono più interessanti e quindi più visitati.

La differenza fondamentale tra l'utilizzo di PHP e l'utilizzo di HTML semplice è che PHP fa tutto sul server e quindi invia le informazioni appropriate al browser. Questo libro spiega come utilizzare PHP per inviare i dati corretti al browser.

Probabilmente ti starai chiedendo cosa ti serve per programmare in PHP. Il requisito più importante per lavorare con PHP, poiché è un linguaggio di scripting lato server, è l'accesso a un server abilitato per PHP. Considerando la popolarità di PHP, molto probabilmente il tuo host web ha già questa opzione disponibile sui suoi server. Dovrai soltanto contattarli per vedere quale tecnologia supportano.

L'altra opzione consiste nell'installare PHP e un'applicazione del server web (come Apache) sul tuo computer. Gli utenti di Windows, Mac OS X o Linux possono facilmente installare e utilizzare PHP senza alcun costo.

Devi anche sapere che PHP è disponibile gratuitamente dal sito Web PHP (www.php.net) ed è disponibile in pacchetti facili da installare. Se adotti questo approccio, e ti consiglio di farlo, il tuo computer fungerà sia da client che da server.

Il secondo requisito è quasi scontato: devi avere un editor di testo sul tuo computer. Atom, Notepad++, UltraEdit e applicazioni gratuite simili sono tutte sufficienti per i tuoi scopi così come TextMate, SublimeText, IntellijIdea e altre applicazioni commerciali che offrono più funzionalità che potresti apprezzare.

Se sei abituato a utilizzare un'interfaccia grafica (nota anche come WYSIWYG - What You See Is What You Get) come Adobe Dreamweaver o Aptana Studio, puoi consultare il manuale dell'applicazione per vedere come programmare in PHP al suo interno.

Terzo, hai bisogno di un metodo per ottenere gli script che scrivi sul server. Se hai installato PHP sul tuo computer, puoi salvare gli script nella directory appropriata. Tuttavia, se utilizzi un server remoto con un host web, avrai bisogno di un programma SFTP (Secure File Transfer Protocol) per inviare gli script al server. Sono disponibili molte applicazioni SFTP; come FileZilla che è un software gratuito (https://filezilla-project.org).

Questo libro presuppone solo una conoscenza di base dell'HTML, anche se più ti senti a tuo agio nella gestione del codice HTML grezzo senza l'ausilio di un'applicazione WYSIWYG come Dreamweaver, più sarà facile la transizione all'uso di PHP.

Ogni programmatore prima o poi userà HTML, quindi, a prescindere da quanto ne sai, ti incoraggio a tenere un buon libro HTML al tuo fianco.

Non è certamente richiesta una precedente esperienza in ambito di programmazione. Tuttavia, potrebbe accelerare il tuo apprendimento perché vedrai rapidamente numerose somiglianze tra i linguaggi, ad esempio, Perl e PHP oppure JavaScript e PHP.

Capitolo 3: Sintassi di base

Quando impari un nuovo linguaggio di programmazione, inizia sempre con una comprensione della sintassi e delle funzionalità di base, che è ciò che imparerai in questo capitolo. L'attenzione qui è sui fondamenti di HTML e PHP e su come i due linguaggi lavorano insieme. Il capitolo tratta anche alcune tecniche di programmazione e debugging consigliate, il cui utilizzo faciliterà notevolmente il processo di apprendimento.

Se non hai mai programmato prima, una lettura mirata di questo capitolo ti farà iniziare sulla strada giusta. Se hai una certa esperienza di programmazione, sarai in grado di scorrere rapidamente queste pagine, ottenendo una prospettiva per il materiale rimanente del libro.

Alla fine di questo capitolo avrai scritto ed eseguito con successo i tuoi primi script PHP e sarai sulla buona strada per lo sviluppo di applicazioni web dinamiche.

Sintassi HTML di base

Tutte le pagine web sono realizzate utilizzando HTML (Hypertext Markup Language). Ogni browser web, che si tratti di Google Chrome, Mozilla Firefox, Microsoft Internet Explorer e Edge o Apple Safari, trasforma il codice HTML:

```
<h1>Benvenuto! </h1>
Volevo solo <em> salutarti</em>.
```

...nella pagina web presentata all'utente. Al momento della stesura di questo documento, la versione corrente di HTML è la 5, che dovrebbe rimanere valida per un po' di tempo (è stata ufficialmente standardizzata nel 2014).

HTML5 è una versione solida e pratica del linguaggio, adatta per il Web di oggi. Prima di entrare nella sintassi di PHP, creiamo un documento HTML semplice ma valido che possa fungere da modello per molti degli esempi di questo libro.

CSS di base

Gli elementi HTML definiscono il contenuto di una pagina ma la formattazione dell'aspetto e del comportamento di tali contenuti è lasciata ai CSS (Cascading Style Sheets). Come con l'HTML, questo libro non insegna i CSS in alcun dettaglio ma poiché parte del codice del libro utilizza CSS, dovresti avere familiarità con la sua sintassi di base. Puoi aggiungere CSS a una pagina web in due modi.

Il primo metodo, nonché il più semplice, consiste nell'utilizzare i tag di stile HTML:

```
<style type="text/css">

/*regole */

</style>
```

Le regole CSS sono definite tra i tag `style` di apertura e di chiusura. Puoi anche utilizzare il tag HTML `link` per incorporare le regole CSS definite in un file esterno:

```
<link href="styles.css" rel="stylesheet"
type="text/css">
```

Quel file dovrebbe contenere solo le regole, senza il tag `style`.

Le regole CSS vengono applicate a combinazioni di elementi generali della pagina, classi CSS e elementi specifici:

```
img {border: 0px;}
.error {color: red;}
#about {background-color: #ccc;}
```

La prima regola si applica a ogni tag immagine. La seconda si applica a qualsiasi elemento che abbia una classe `error`:

```
<p class = "error"> Error! </p>
```

La terza regola si applica solo all'elemento specifico che ha un valore `id` come segue:

```
<p id = "about"> Informazioni </p>
```

Non tutti gli elementi devono avere un attributo `id` ma due elementi non possono avere lo stesso valore `id`. Per la maggior parte, questo libro utilizza i CSS solo per fare cose semplici, come cambiare il colore del testo o il colore dello sfondo di un elemento. Per ulteriori informazioni sui CSS, ti basterà una semplice ricerca nel Web o puoi leggere un libro dedicato all'argomento.

Per creare una pagina HTML:

1. Apri l'editor di testo o l'ambiente di sviluppo integrato (IDE). Puoi utilizzare praticamente qualsiasi applicazione per creare pagine HTML e PHP. Le scelte più popolari sono Dreamweaver,

PhpStorm, Sublime Text, Atom. I primi due sono IDE, il che li rende più complicati da usare ma anche più potenti mentre gli ultimi due sono editor di testo. Tutti questi programmi vengono eseguiti sui sistemi operativi più comuni.

2. Scegli File > Nuovo per creare un nuovo documento vuoto. Alcuni editor di testo ti consentono di iniziare creando un nuovo documento di un certo tipo, ad esempio un nuovo file HTML. Se la tua applicazione ha questa opzione, usala!

3. Inizia con le righe di intestazione HTML:

```
<! doctype html> <html lang = "it">
```

Un documento valido in HTML5 inizia con queste righe che indicano al browser web che tipo di documento aspettarsi. Per questo modello e in

tutto questo libro verranno create pagine HTML5. Una delle sottigliezze di HTML5 è il suo doctype e la sua sintassi essenziale.

4. Crea la sezione `head` della pagina:

```
<head>
  <meta charset="utf-8">
  <title> Benvenuto in questa
pagina! </title>
</head>
```

L'intestazione di una pagina HTML dovrebbe includere il `meta` tag `charset`. L'intestazione contiene anche il titolo della pagina, che appare nella parte superiore della finestra o della scheda del browser, nonché nei segnalibri e nella cronologia del browser. Puoi anche inserire riferimenti JavaScript e CSS nell'`head`.

5. Crea la sezione principale della pagina anche detta corpo:

```
<body>
```

```
<h1> Questa è una pagina HTML di
base! </h1><br>
<p> Anche con <em> alcune </em>
decorazioni, non è ancora molto
accattivante.</p>
</body>
```

Il contenuto della pagina, ciò che viene mostrato nel browser, va tra l'apertura e la chiusura dei tag del `body`.

6. Completa la pagina con un tag HTML di chiusura: `</html>`

7. Scegli File > Salva con nome. Nella finestra di dialogo che appare, scegli Solo testo (o ASCII) per il formato, se ti viene data l'opzione. I documenti HTML e PHP sono semplici file di testo (a differenza, ad esempio, di un documento di Microsoft Word, che è archiviato in un formato binario proprietario). Potrebbe anche essere necessario indicare la codifica (utf-8) quando si salva il file.

8. Accedi alla posizione in cui si desidera salvare lo script. Puoi posizionare questo script ovunque desideri sul tuo computer, anche se ha senso usare una cartella dedicata per ogni script in questo libro, magari con sottocartelle per ogni capitolo.

9. Salva il file come `welcome.html`. Le pagine HTML5 utilizzano l'estensione `.html` standard.

10. Testa la pagina visualizzandola nel tuo browser. A differenza degli script PHP (come scoprirai presto), puoi testare le pagine HTML aprendole direttamente in un browser.

Sintassi di base PHP

Ora che hai visto come verrà gestito l'HTML in questo libro, è ora di iniziare lo scripting PHP. Per creare una pagina PHP, inizierai esattamente come faresti se stessi creando un documento HTML da zero. Comprendere il motivo di ciò è di vitale importanza: i browser Web sono delle applicazioni client che comprendono l'HTML; PHP è una tecnologia lato server che non può essere eseguita nel client.

Per colmare questa lacuna, PHP viene utilizzato sul server per generare HTML che viene poi eseguito in un browser. Ci sono tre differenze principali tra una pagina HTML standard e uno script PHP. Innanzitutto, gli script PHP devono essere salvati con l'estensione file `.php` (ad esempio, `index.php`).

In secondo luogo, inserisci il codice PHP all'interno dei tag `<? php` e `?>`, normalmente nel contesto di alcuni HTML:

...

```
<body>
  <h1> Questo è HTML. </h1>
  <?php Codice PHP! ?>
  <p> Altro HTML </p>
</body>
```

...

I tag PHP indicano le parti della pagina da eseguire tramite il processore PHP sul server.

Questo porta alla terza differenza principale: gli script PHP devono essere eseguiti su un server Web abilitato per PHP (mentre le pagine HTML possono essere visualizzate su qualsiasi computer, direttamente in un browser). Ciò significa che gli script PHP devono essere sempre eseguiti tramite un URL (https://miosito.com/pagina.php, per esempio).

Se stai visualizzando uno script PHP in un browser web e l'indirizzo non inizia con http o https, lo script PHP non funzionerà. Per fare in modo che questo primo script PHP esegua qualcosa senza troppi problemi di programmazione, utilizzerai la funzione `phpinfo()`. Questa funzione, quando invocata, invia una tabella di informazioni al browser web.

La tabella elenca tutte le specifiche dell'installazione PHP su quel particolare server. È un ottimo modo per testare la tua installazione PHP e ha un'elevata qualità. Tuttavia, la funzione `phpinfo()` non solo restituisce una tabella di informazioni, ma crea anche una pagina HTML completa per te.

Quindi questo primo script PHP non richiede il codice HTML standard, aspetto che vedremo in seguito.

Per creare un nuovo script PHP sul tuo computer:

1. Crea un nuovo documento PHP nel tuo editor di testo o IDE, da chiamare `phpinfo.php`. In questo caso specifico, inizierai con un file vuoto. Ma se il tuo editor di testo o IDE ha modelli di file PHP per te, puoi sicuramente iniziare con uno di quelli.

2. Inizia la pagina con `<?php` su una riga separata. Questo tag PHP di apertura dice al server che il codice seguente è PHP e dovrebbe essere gestito come tale. Se la tua applicazione ha un modello PHP per te, potrebbe aver già creato i tag PHP. Aggiungi quanto segue nella riga successiva:

`phpinfo();` La sintassi verrà spiegata in dettaglio più avanti, ma in breve, questa è solo una chiamata a una funzione PHP esistente chiamata phpinfo. È necessario utilizzare le parentesi di apertura e di chiusura, senza nulla tra di esse, e il punto e virgola.

3. Digita `?>` come ultima riga. Il tag PHP di chiusura dice al server che la sezione PHP dello script è finita. Ancora una volta, poiché la funzione `phpinfo()` genera una pagina HTML completa per te, non sono necessari tag HTML.

4. Salva lo script come `phpinfo.php`. Non per sopravvalutare il punto e ricorda che gli script PHP devono utilizzare un'estensione di file valida. Molto probabilmente non avrai problemi se salvi i tuoi file come `nomefile.php`. È

inoltre necessario essere certi che l'applicazione o il sistema operativo non stia aggiungendo un'estensione nascosta al file. Blocco note su Windows, ad esempio, tenta di aggiungere `.txt` a estensioni di file non comuni, il che rende inutilizzabile lo script PHP.

Il tuo script finale sarà simile al seguente:

```php
<?php
  phpinfo();
?>
```

Capitolo 4: Testare uno script

SFTP

A differenza dell'HTML, che può essere testato direttamente in un browser, gli script PHP devono essere eseguiti da un server abilitato per PHP per vedere i risultati. In particolare, PHP viene eseguito tramite un'applicazione server Web, come Apache, Nginx o Internet Information Server (IIS).

È possibile ottenere un server abilitato per PHP in due modi:

- Installando il software sul proprio computer;
- Acquistando un hosting web.

PHP è un software open source ed è generalmente facile da installare (senza effetti negativi sul tuo computer). Se desideri installare PHP e un server web sul tuo computer. Se non stai eseguendo PHP sul tuo computer, dovrai trasferire i tuoi script PHP al server abilitato per PHP utilizzando SFTP (Secure File Transfer Protocol).

La società di web hosting o l'amministratore del server ti forniranno le informazioni di accesso SFTP, che inserirai in un client SFTP. Per eseguire l'SFTP dello script sul server:

1. Apri l'applicazione SFTP
2. Nella finestra di connessione dell'applicazione, inserisci le informazioni fornite dal tuo host web. L'accesso SFTP richiede un host (ad esempio, il nome di dominio o un indirizzo IP), un nome utente e una password.

3. Fai clic su Connetti (o sull'equivalente del client SFTP). Se hai fornito le informazioni corrette, dovresti riuscire a connetterti. In caso contrario, vedrai messaggi di errore nella parte superiore della finestra di FileZilla.

4. Accedi alla directory corretta per le pagine Web (ad esempio, www, htdocs o httpdocs). Potrebbe essere necessario navigare per accedere alla radice del documento Web. La radice del documento Web è la directory sul server a cui punta direttamente un URL (ad esempio, www.miosito.com, invece di www.miosito.com/cartella/). Se non sei sicuro di quale sia la radice del documento Web per la tua configurazione, consulta la documentazione fornita dalla società di hosting (o chiedi supporto). In FileZilla, la colonna di destra rappresenta i file e

le directory sul server; la colonna di sinistra rappresenta i file e le directory sul tuo computer. Basta un doppio clic sulle cartelle per aprirle.

5. Carica il tuo script, `phpinfo.php`, sul server. Per fare ciò in FileZilla, trascina il file dalla colonna di sinistra, il tuo computer, alla colonna di destra, il server.

Alcuni editor di testo e IDE hanno funzionalità SFTP incorporate, che ti consentono di salvare i tuoi script direttamente sul server. Altre applicazioni possono eseguire script PHP senza abbandonare l'applicazione. Puoi anche trasferire file sul tuo server web utilizzando un software di controllo della versione, come Git. Sebbene questa sia una tecnica eccellente, va ben oltre lo scopo di una guida per principianti PHP.

Test dello script

Il test di uno script PHP è un processo che si articola in due fasi. Innanzitutto, è necessario inserire lo script PHP nella directory appropriata per il server web. In seguito, bisogna eseguire lo script PHP nel tuo browser web caricando l'URL corretto. Se stai utilizzando un server web separato, come quello fornito da una società di hosting, devi solo utilizzare un'applicazione SFTP per caricare il tuo script PHP su di esso (come indicato nei passaggi precedenti).

Se hai installato PHP sul tuo computer, puoi testare i tuoi script PHP salvandoli o spostandoli nella root del documento web. Di solito è:

- ~/Sites per utenti Mac OS X (dove ~ sta per la tua directory home; non viene più creata automaticamente nelle versioni più recenti di Mac OS X, ma puoi crearne uno)

- C:\Inetpub\wwwroot per utenti Windows utenti che eseguono IIS

- C:\xampp\htdocs per utenti Windows che eseguono XAMPP

- /Applicazioni/MAMP/htdocs per utenti Mac che eseguono MAMP

Una volta che hai lo script PHP nel posto giusto, usa il tuo browser per eseguirlo.

Per testare lo script nel browser:

1. Apri il tuo browser web preferito. Per la maggior parte, PHP non si comporta in modo diverso su browser diversi (perché PHP viene eseguito sul server) quindi utilizza il browser che preferisci. Personalmente utilizzo Google Chrome ma PHP funzionerà

indipendentemente dal sistema operativo.

2. Nella barra degli indirizzi del browser, inserisci l'URL del sito in cui è stato salvato lo script. Nel mio caso, inserisco www.miosito.com, ma il tuo URL sarà sicuramente diverso. Se stai eseguendo PHP sul tuo computer, l'URL è `http://localhost` (Windows) o `http://localhost/~nomeutente` (Mac OS X), ricorda di sostituire nomeutente con il nome utente. Alcuni pacchetti all-in-one, come MAMP e XAMPP, possono anche utilizzare una porta come parte dell'URL: `http://localhost:8888`. Se non sei sicuro dell'URL da utilizzare, consulta la documentazione dell'applicazione del server web che hai installato.

3. Aggiungi `/phpinfo.php` all'URL. Se si hai inserito lo script in una

sottodirectory della radice del documento Web, dovrai aggiungere anche il nome della sottodirectory all'URL (ad esempio, `/cartella/phpinfo.php`).

4. Premi Invio per caricare l'URL. La pagina dovrebbe essere caricata nella finestra del browser.

Se vedi del codice PHP o una pagina vuota, potrebbe significare molte cose:

- Non stai caricando lo script PHP tramite un URL (cioè, l'indirizzo non inizia con http). Tieni presente che potresti dover fare clic sulla barra degli indirizzi per visualizzare l'URL completo, compreso http, perché molti dei browser lo nascondono per impostazione predefinita.

- PHP non è stato abilitato sul server.

- Non stai usando l'estensione corretta. Se vedi un file non trovato o un errore simile potrebbe essere generato da un URL errato, dal fatto che lo script PHP non si trova nella directory corretta oppure lo script PHP non ha il nome o l'estensione corretti.

Inviare testo al browser

PHP non sarebbe molto utile se tutto ciò che puoi fare è vedere che funziona (sebbene tale conferma sia fondamentale). Utilizzerai PHP più frequentemente per inviare informazioni al browser sotto forma di testo e tag HTML. Per farlo, usa `print`:

```
print "qualcosa";
```

Basta digitare la parola `print`, seguita da ciò che si desidera visualizzare: un semplice messaggio, il valore di una variabile, il risultato di un calcolo e così via. In questo esempio, il messaggio è una stringa di testo, quindi, deve essere racchiuso tra virgolette.

PHP non fa distinzione tra maiuscole e minuscole quando si tratta di chiamare funzioni, come `phpinfo()` e `print`. Utilizzando `print`, `Print` e `PRINT` si ottengono gli stessi risultati. Per essere chiari, `print` in realtà non stampa nulla; emette solo dati.

Quando uno script PHP viene eseguito tramite un browser, tale output PHP viene ricevuto dal browser stesso come se fosse contenuto da un file HTML statico. Nota bene che la riga termina con un punto e virgola (;). Ogni istruzione nel codice PHP deve terminare con un punto e virgola e dimenticare questo requisito è una causa comune di errori. Un'istruzione in PHP è una riga di codice eseguibile, come `print "qualcosa";` o `phpinfo();` Al contrario, commenti, tag PHP, strutture di controllo (ad esempio, strutture condizionali e cicli) e alcuni altri costrutti non richiedono punti e virgola.

Infine, dovresti conoscere un piccolo tecnicismo: `phpinfo()` è una funzione mentre `print` è in realtà un costrutto del linguaggio. Sebbene sia ancora standard fare riferimento a `print` come una funzione, poiché `print` è un costrutto di linguaggio, non sono necessarie parentesi quando lo si utilizza, come nell'esempio `phpinfo()`.

Per stampare un semplice messaggio:

1. Inizia un nuovo documento HTML nel tuo editor di testo o IDE, da chiamare `ciao.php`:

```
<!doctype html>
<html lang="it">
<head>
  <meta charset="utf-8">
  <title>Benvenuto!</title>
</head>
<body>
  <p>La parte seguente è creata da
PHP:
```

La maggior parte di questo codice è HTML standard. L'ultima riga verrà utilizzata per distinguere tra HTML "hardcoded" e HTML generato da PHP.

2. Nella riga successiva, digita `<?php` per creare il tag PHP iniziale.

3. Aggiungi `print "Benvenuto!";` Stampare la parola Benvenuto! (o Hello World) è il primo passo che la maggior parte dei libri di programmazione insegna. Anche se è un esercizio banale per usare PHP, non sei veramente un programmatore finché non hai creato almeno un'applicazione Hello World!.

4. Chiudi la sezione PHP e completa la pagina HTML:

```
?> </p>
</body>
</html>
```

5. Salva il file come `ciao.php`, posizionalo sul tuo server abilitato per PHP e provalo nel tuo browser. Se stai eseguendo PHP sul tuo computer, ricorda che puoi salvare il file nella directory corretta e accedere allo script tramite `http://localhost/`. Se viene visualizzato un errore o una pagina vuota invece dei risultati mostrati nella figura, rivedi la tua configurazione.

Capitolo 5: Inviare HTML al browser

Come hanno scoperto rapidamente coloro che per primi hanno imparato l'HTML, la visualizzazione di testo normale in un browser web lascia molto a desiderare. In effetti, l'HTML è stato creato per rendere il testo semplice più attraente e fruibile. Poiché HTML funziona aggiungendo dei tag al testo, puoi utilizzare PHP anche per inviare tag HTML al browser, insieme ad altri dati:

```
print "<b> Benvenuto! </b>";
```

C'è una situazione in cui devi stare attento. I tag HTML che richiedono virgolette doppie, come `<a href="pagina.php">Link</a>`, causeranno problemi se stampati da PHP, perché anche la funzione di stampa utilizza le virgolette:

```
print "<a href="pagina.php">Link</a>";
```

Una soluzione consiste nell'eliminare le virgolette all'interno del codice HTML facendole precedere da una barra rovesciata (\):

```
print "<a href=\"pagina.php\">Link</a>";
```

Evitando ogni virgoletta all'interno dell'istruzione `print`, si dice a PHP di stampare il segno stesso invece di considerare le virgolette come l'inizio o la fine della stringa da stampare.

Per inviare HTML al browser:

1. Apri lo script `ciao.php` nel tuo editor di testo o IDE, se non è già aperto.
2. All'interno dell'intestazione HTML, dichiara una classe CSS:

```
<style type = "text / css"> .bold
{font-weight: bolder; } </style>
```

Questo codice CSS dichiara una classe denominata `bold`, che verrà utilizzata per aggiungere enfasi al testo. Questo è ovviamente un uso abbastanza banale dei CSS ma, dichiarandolo come una classe, può essere facilmente aggiornato, magari per cambiare il colore del testo o la dimensione, insieme al suo peso.

3. Modifica il messaggio Benvenuto! aggiungendo il tag HTML, come segue:

```
print "<span class = \"bold\">
Benvenuto! </span>";
```

Per far risaltare la parte generata da PHP del messaggio, lo stile CSS renderà il saluto in grassetto. Affinché funzioni, è necessario utilizzare l'escape delle virgolette all'interno del tag `span` in modo che non entrino in conflitto con le virgolette dell'istruzione `print`.

4. Salva lo script come `ciao2.php`, posizionalo sul tuo server abilitato per PHP ed esegui la pagina nel tuo browser.

5. Visualizza il codice sorgente della pagina HTML per vedere il codice che è stato inviato al browser. La procedura dipende dal browser, di solito basta un click destro del mouse e si trova la voce "Visualizza sorgente" o qualcosa di simile. Questo è un passo che dovresti essere abituato a fare, in particolare quando si verificano problemi. Ricorda che PHP viene utilizzato principalmente per generare HTML, inviato e interpretato dal browser. Spesso, avere una conferma di ciò che

è stato inviato al browser aiuterà a spiegare il problema che stai riscontrando nell'interpretazione del browser.

Come usare lo spazio bianco

Quando si programma in PHP, lo spazio bianco viene generalmente (ma non universalmente) ignorato. Qualsiasi riga vuota (solo una o più di seguito) nel codice PHP è irrilevante per il risultato finale. Allo stesso modo, le tabulazioni e gli spazi sono normalmente irrilevanti per PHP.

Poiché il codice PHP non è visibile nel browser (a meno che non ci sia un problema con il server), lo spazio bianco nei file PHP non ha alcun impatto su ciò che vede l'utente finale. La spaziatura del codice HTML viene visualizzata nel codice sorgente HTML di una pagina web, ma ha solo un effetto minimo su ciò che viene visualizzato nel browser. Ad esempio, tutto il codice sorgente HTML di una pagina potrebbe essere posizionato su una riga senza modificare ciò che vede l'utente finale.

Se dovessi cercare un problema nel sorgente HTML, tuttavia, non ti piacerebbe la lunga e solitaria riga di HTML. È possibile modificare la spaziatura del codice HTML generato dinamicamente stampandolo in PHP su più righe o utilizzando il carattere di nuova riga (\n) tra virgolette doppie:

```
print "Riga 1 \nRiga 2";
```

Anche in questo caso, l'uso del carattere di nuova riga influisce sul codice sorgente HTML della pagina Web, non su ciò che l'utente finale vede visualizzato nel browser. Per regolare la spaziatura nella pagina web visualizzata, devi utilizzare CSS oltre ai tag di paragrafo, div e interruzione.

Avrei un commento

I commenti sono parte integrante della programmazione, non perché facciano qualcosa ma perché ti aiutano a ricordare il perché hai fatto qualcosa. Il computer ignora i commenti quando elabora lo script. Inoltre, i commenti PHP non vengono mai inviati al browser, rimanendo un tuo segreto.

PHP supporta tre modi per aggiungere commenti. È possibile creare un commento su una sola riga inserendo // o # all'inizio della riga che si desidera ignorare:

```
// Questo è un commento.
```

Puoi anche usare // o # per iniziare un commento alla fine di una riga PHP, in questo modo:

```
print "Benvenuto!"; // Volevo salutare.
```

Sebbene sia in gran parte un problema stilistico, `//` è molto più comunemente usato in PHP rispetto a `#`. È possibile creare un commento su più righe utilizzando `/*` per iniziare il commento e `*/` per concluderlo:

```
/* Questo è un

commento su

più righe. */
```

Alcuni programmatori preferiscono questo stile di commento perché contiene "tag" sia di apertura che di chiusura, fornendo una demarcazione per dove inizia e finisce il commento.

Per aggiungere commenti a uno script:

1. Apri il file `ciao2.php` creato in precedenza nel tuo editor di testo o IDE.

2. Dopo il tag PHP iniziale, aggiungi alcuni commenti al tuo script:

```
/*

* Nome file: ciao3.php

* Creato da: Nome Cognome

*/
```

Questo è solo un esempio del tipo di commenti che puoi scrivere. Dovresti documentare cosa fa lo script, su quali informazioni si basa, chi lo ha creato, quando e così via. Stilisticamente, tali commenti sono spesso posizionati all'inizio di uno script (la prima cosa all'interno della sezione PHP), utilizzando una formattazione come questa. Gli asterischi extra non sono obbligatori ma attirano solo l'attenzione sui commenti.

3. Facendo precedere l'istruzione `print` da due barre, ci si assicura che la chiamata alla funzione sia "commentata", il che significa che non verrà mai eseguita.

4. Dopo il tag PHP di chiusura, aggiungi un commento HTML:

   ```
   <! - Questo è un commento HTML. ->
   ```

   Questa riga di codice ti aiuterà a distinguere tra i diversi tipi di commenti e dove vengono visualizzati. Questo commento apparirà solo all'interno del codice sorgente HTML.

5. Salva lo script come `ciao3.php`, posizionalo sul tuo server abilitato per PHP ed esegui la pagina nel tuo browser web.

6. Visualizza il sorgente della pagina per vedere il commento HTML.

Ecco come dovrebbe apparire l'intero file:

```html
<!DOCTYPE html>
<html lang="it">
 <head>
  <meta charset="utf-8" />
  <title>Benvenuto!</title>
  <style type="text/css">
   .bold {
    font-weight: bolder;
   }
  </style>
 </head>
 <body>
  <p>
   La parte seguente è creata da PHP:
   <br />
   <?php
    /*
     * Filename: hello3.php
     * Created by: Nome Cognome
     */

    //print "<span
class=\"bold\">Benvenuto!</span>";
    ?>
```

```html
    <!-- Questo è un commento HTML -->
  </p>
 </body>
</html>
```

Capitolo 6: Debug

Il debug non è affatto un concetto semplice da comprendere e, sfortunatamente, è un concetto che può essere veramente padroneggiato solo praticandolo. Potrei dedicare le prossime 50 pagine all'argomento e tu raccoglieresti ancora solo una frazione delle abilità di debug di cui avrai bisogno.

Il motivo per cui introduco il debug in questo modo straziante è che a volte il codice non funziona come previsto, inevitabilmente creerai errori e alcuni giorni vorrai strapparti i capelli, anche quando usi un linguaggio relativamente facile da usare come PHP. In breve, preparati a essere perplesso e frustrato a volte.

Scrivo codice in PHP da anni e talvolta, in modo occasionale rimango ancora bloccato nel fango della programmazione ma il debug è un'abilità molto importante da avere e che alla fine acquisirai per necessità ed esperienza. Quando inizi la tua avventura di programmazione in PHP, offro i seguenti suggerimenti di debug di base ma concreti.

Per eseguire il debug di uno script PHP:

- Assicurati di eseguire sempre gli script PHP tramite un URL, questo è forse l'errore più comune del principiante. Il codice PHP deve essere eseguito tramite l'applicazione del server web, il che significa che deve essere richiesto tramite `http://qualcosa`. Quando vedi il codice PHP effettivo invece del risultato dell'esecuzione di quel codice, molto probabilmente non stai eseguendo lo script PHP tramite un URL.

- Sapere quale versione di PHP stai utilizzando. Alcuni problemi derivano dalla versione di PHP in uso. Prima di utilizzare qualsiasi server abilitato per PHP, esegui il file `phpinfo.php` per confermare la versione di PHP in uso.

- Assicurati che `display_errors` sia attivo. Questa è un'impostazione di configurazione PHP di base, puoi confermare questa impostazione eseguendo la funzione `phpinfo()` (usa semplicemente il tuo browser per cercare `display_errors` nella pagina risultante). Per motivi di sicurezza, PHP potrebbe non essere impostato per visualizzare gli errori che si verificano. Se è così, finirai per vedere pagine vuote quando si verificano problemi. Per eseguire il debug della maggior parte dei problemi, dovrai visualizzare gli errori, quindi attiva questa impostazione.

- Verifica il codice sorgente HTML. A volte il problema è nascosto nel sorgente HTML della pagina. In effetti, a volte il messaggio di errore PHP può essere nascosto lì!

- Fidati del messaggio di errore. Un altro errore molto comune per i principianti è non leggere completamente o non fidarsi dell'errore segnalato da PHP. Sebbene un messaggio di errore possa essere spesso criptico e sembrare privo di significato, non può essere ignorato. Per lo meno, PHP di solito fornisce anche la riga su cui si può trovare il problema. E se hai bisogno di inoltrare quel messaggio di errore a qualcun altro, includi l'intero messaggio di errore!

- Prenditi una pausa! Molti dei problemi di programmazione che ho riscontrato nel corso degli anni e la stragrande maggioranza di quelli più difficili sono stati risolti allontanandomi dal mio computer per un po'. È facile sentirsi frustrati e confusi, e in tali situazioni, qualsiasi ulteriore passo che fai rischia di peggiorare le cose. Prenditi una pausa di qualche minuto, prendi un caffè o un tè, ritorna a leggere il codice e troverai subito la soluzione.

Capitolo 7: Variabili

I capitoli precedenti hanno spiegato come utilizzare PHP per inviare testo semplice e HTML ad un browser web, in altre parole, qualcosa per cui non hai affatto bisogno di PHP! Non preoccuparti, questo libro ti insegnerà come usare `print` insieme ad altre funzionalità PHP per fare grandi cose con il tuo sito web. Per passare dalla creazione di pagine semplici e statiche ad applicazioni Web dinamiche e siti Web interattivi, sono necessarie le variabili.

Capire cosa sono le variabili, i tipi di variabili che un linguaggio supporta e come usarle è fondamentale. Questo capitolo introduce i fondamenti delle variabili in PHP e se non hai mai trattato le variabili prima, questo capitolo sarà una buona introduzione.

Se hai già familiarità con il concetto, dovresti essere in grado di seguirmi in modo più spedito. Cosa sono le variabili? Una variabile è un contenitore di dati. Una volta che i dati sono stati memorizzati in una variabile (o, più comunemente, una volta che a una variabile è stato assegnato un valore), tali dati possono essere modificati, stampati nel browser, salvati in un database, inviati tramite posta elettronica e così via.

Le variabili in PHP sono, per loro natura, flessibili: puoi inserire dati in una variabile, recuperare quei dati da essa (senza influire sul valore della variabile), inserire nuovi dati in essa e continuare questo ciclo tutte le volte che è necessario. Tuttavia, le variabili in PHP sono in gran parte temporanee: la maggior parte esiste soltanto (cioè ha solo un valore) per la durata dell'esecuzione dello script sul server. Una volta completata l'esecuzione dello script (spesso quando si incontra il tag PHP di chiusura finale), quelle variabili cessano di esistere.

Inoltre, dopo che gli utenti fanno clic su un collegamento o hanno inviato un modulo, vengono indirizzati a una nuova pagina che potrebbe avere un insieme di variabili completamente separato. Prima di entrare troppo in profondità nella discussione delle variabili, scriviamo uno script veloce che riveli alcune delle variabili predefinite di PHP. Queste sono variabili che PHP crea automaticamente quando viene eseguito uno script.

Questo particolare esempio esamina la variabile $ _SERVER predefinita. Contiene molte informazioni sul computer su cui è in esecuzione PHP. La funzione `print_r()` offre un modo semplice per visualizzare il valore di qualsiasi variabile:

```
print_r($ nome_variabile);
```

Fornisci semplicemente il nome della variabile che desideri esaminare come singolo argomento della funzione `print_r()`.

Per stampare le variabili predefinite di PHP:

1. Crea un nuovo script PHP nel tuo editor di testo o IDE con il nome `vars.php`.
2. Crea i tag HTML iniziali:

```html
<!DOCTYPE html>
<html lang="it">
    <head>
        <meta charset="utf-8" />
        <title>Variabili predefinite</title>
    </head>
    <body>
        <pre></pre>
    </body>
</html>
```

Questo codice ripete il modello HTML creato nei capitoli precedenti. All'interno del corpo della pagina, i tag `<pre>` vengono utilizzati per rendere più leggibili le informazioni PHP generate. Senza utilizzare i tag `<pre>`, l'output della funzione `print_r()` sarebbe difficile da leggere in un browser.

3. Aggiungi il codice PHP:

```php
<?php
print_r($_SERVER);
?>
```

Il codice PHP contiene solo una chiamata di funzione. La funzione dovrebbe essere fornita con il nome di una variabile. In questo esempio, la variabile è `$_SERVER`, che è speciale in PHP perché memorizza tutti i tipi di dati sul server: il nome e il sistema operativo, il nome dell'utente corrente, le informazioni sull'applicazione del server Web (Apache, Nginx, IIS e così via) e altro ancora. Riflette anche lo script PHP in esecuzione: il suo nome, dove è memorizzato sul server e così via. Nota che devi digitare `$_SERVER` esattamente come è qui, in tutte le lettere maiuscole.

4. Completa la pagina HTML:

```
</pre>
</body>
</html>
```

5. Salva il file come `vars.php`, caricalo sul tuo server (o salvalo nella directory appropriata sul tuo computer) e provalo nel tuo browser. Ancora una volta, ricorda che devi eseguire tutti gli script PHP tramite un URL.

6. Se possibile, trasferisci il file su un altro computer o server che esegue PHP ed esegui nuovamente lo script nel browser.

Ecco il risultato dell'esecuzione dello script in locale sul mio computer:

```
Array
(
    [HTTP_HOST] => localhost
    [HTTP_CONNECTION] => keep-alive
    [HTTP_ACCEPT] => text/html,application/xhtml+xml,applicat:
    [HTTP_UPGRADE_INSECURE_REQUESTS] => 1
    [HTTP_USER_AGENT] => Mozilla/5.0 (Macintosh; Intel Mac OS
    [HTTP_ACCEPT_ENCODING] => gzip, deflate, sdch
    [HTTP_ACCEPT_LANGUAGE] => en-US,en;q=0.8
    [PATH] => /usr/bin:/bin:/usr/sbin:/sbin
    [SERVER_SIGNATURE] =>
    [SERVER_SOFTWARE] => Apache/2.4.16 (Unix) PHP/7.0.2
    [SERVER_NAME] => localhost
    [SERVER_ADDR] => ::1
    [SERVER_PORT] => 80
    [REMOTE_ADDR] => ::1
    [DOCUMENT_ROOT] => /Users/larry/Sites
    [REQUEST_SCHEME] => http
    [CONTEXT_PREFIX] =>
    [CONTEXT_DOCUMENT_ROOT] => /Users/larry/Sites
    [SERVER_ADMIN] => you@example.com
    [SCRIPT_FILENAME] => /Users/larry/Sites/predefined.php
    [REMOTE_PORT] => 49176
    [GATEWAY_INTERFACE] => CGI/1.1
    [SERVER_PROTOCOL] => HTTP/1.1
    [REQUEST_METHOD] => GET
    [QUERY_STRING] =>
    [REQUEST_URI] => /predefined.php
    [SCRIPT_NAME] => /predefined.php
    [PHP_SELF] => /predefined.php
    [REQUEST_TIME_FLOAT] => 1453769830.966
    [REQUEST_TIME] => 1453769830
)
```

Sintassi delle variabili

Ora che hai fatto un tuffo veloce nelle variabili, è ora di nuotare un po' più in profondità. Nell'esempio precedente, lo script ha stampato il valore della variabile $\texttt{\$\_SERVER}$ predefinita in PHP.

Puoi anche creare le tue variabili, una volta compresa la sintassi corretta. Per creare nomi di variabili appropriati, è necessario seguire queste regole:

- Tutti i nomi di variabili devono essere preceduti da un segno di dollaro ($).

- Dopo il segno del dollaro, il nome della variabile deve iniziare con una lettera (A–Z, a–z) o con un trattino basso (_). Un numero non può trovarsi subito dopo il segno del dollaro.

- Il resto del nome della variabile può contenere qualsiasi combinazione di lettere, trattini bassi e numeri.

- Non è possibile utilizzare spazi all'interno del nome di una variabile.

- Ogni variabile deve avere un nome univoco.

- I nomi delle variabili fanno distinzione tra maiuscole e minuscole! Di conseguenza, `$variabile` e `$Variabile` sono due costrutti diversi, e sarebbe una cattiva idea usare due variabili con nomi simili.

Quest'ultimo punto è forse il più importante: i nomi delle variabili in PHP fanno distinzione tra maiuscole e minuscole. L'uso di lettere maiuscole e minuscole è una causa molto comune di bug. (Se hai usato, ad esempio, `$_server` o `$_Server` nello script precedente, te ne sarai già accorto).

Per ridurre al minimo i bug, ti consiglio le seguenti politiche:

- Usa sempre tutte le variabili con nome scritto in minuscolo.
- Rendi i nomi delle variabili descrittivi (ad esempio, `$nome` è meglio di `$n`).
- Utilizza i commenti per indicare lo scopo delle variabili, per quanto ridondante possa sembrare.
- Sii coerente con qualsiasi convenzione di denominazione tu scelga!

Adesso vedremo brevemente tre tipi comuni di variabili PHP: numeri, stringhe e array.

Tecnicamente parlando, PHP suddivide i numeri in due tipi: numeri interi e virgola mobile (noti anche come virgola mobile a doppia precisione o doppi). Discutiamo brevemente le differenze tra i due, per essere precisi. Il primo tipo di numeri, numeri interi, possono essere positivi o negativi ma non includono né frazioni né decimali. I numeri che utilizzano un punto decimale (qualcosa come 1.0) sono numeri in virgola mobile, noti anche come float.

Utilizzi numeri in virgola mobile per fare riferimento alle frazioni, perché l'unico modo per esprimere una frazione in PHP è convertirla nel suo equivalente decimale. Quindi, 1¼ è scritto come 1,25.

Una stringa è un numero qualsiasi di caratteri racchiuso tra una coppia di virgolette singole (') o doppie ("). Le stringhe possono contenere qualsiasi combinazione di caratteri esistente: lettere, numeri, simboli e spazi. Le stringhe possono anche contenere variabili. Ecco alcuni esempi di valori stringa validi:

```
"Benvenuto!"
```

```
"Ciao, $nome $cognome!"
```

```
"1/3"

"Ciao! Come stai oggi?"

"08.02.20"

' '
```

L'ultimo esempio è una stringa vuota, una stringa che non contiene caratteri. Per creare una stringa, racchiudi 0 o più caratteri tra virgolette, tuttavia, in alcuni casi puoi trovare dei problemi. Ad esempio:

```
'Ho detto "Come stai?"'
```

Questa stringa sarà complicata. Nei capitoli precedenti abbiamo accennato allo stesso problema per quanto riguarda la stampa del codice HTML. Quando PHP incontra le virgolette doppie nell'esempio, presuppone che la stringa finisca lì; il testo restante (Come...) causa un errore. Per utilizzare le virgolette all'interno di una stringa è

necessario aggiungere una barra rovesciata
(\):

```
"Ho detto, \"Come stai?\""
```

La barra rovesciata dice a PHP di trattare ogni virgoletta con escape come parte del valore della stringa, invece di usarla come indicatore di apertura o chiusura della stringa. Allo stesso modo puoi aggirare questo problema utilizzando diversi tipi di virgolette:

```
'Ho detto "Come stai?"'
```

```
"Ho detto, 'Come stai?'"
```

Passiamo adesso agli array, se una stringa o un numero contiene un singolo valore (si dice che entrambi siano scalari), ad un array può essere assegnato più di un valore. Puoi pensare a un array come un elenco o una tabella di valori: puoi inserire più stringhe e / o numeri in un array.

Gli array utilizzano le chiavi per creare e recuperare i valori che memorizzano. La struttura risultante, un elenco di coppie chiave-valore, è simile a un foglio di lavoro a due colonne. A differenza degli array in altri linguaggi di programmazione, la struttura degli array in PHP è così flessibile che può utilizzare numeri o stringhe sia per le chiavi che per i valori. La matrice non ha nemmeno bisogno di essere coerente sotto questo aspetto.

PHP supporta due tipi di array, in base al formato delle chiavi. Se l'array utilizza numeri per le chiavi, è noto come array indicizzato. Se utilizza stringhe per le chiavi, è un array associativo. In entrambi i casi, i valori nell'array possono essere di qualsiasi tipo di variabile (stringa, numero e così via).

Assegnare un valore

Per assegnare un valore a una variabile, indipendentemente dal tipo di variabile, utilizzare il segno di uguale (=).

Pertanto, il segno di uguale è noto come operatore di assegnazione, poiché assegna il valore a destra alla variabile a sinistra. Ad esempio:

```
$numero = 1;

$numero = 1.2;

$stringa = "Ciao!";
```

Ognuna di queste righe rappresenta un'istruzione completa (ovvero un'azione eseguibile) quindi ciascuna si conclude con un punto e virgola. Per stampare il valore di una variabile, utilizza la funzione print:

```
print $numero;
```

```
print $stringa;
```

Se desideri stampare il valore di una variabile in un contesto, puoi inserire il nome della variabile nella stringa stampata, purché utilizzi le virgolette doppie:

```
print "Il numero è $numero";

print "La stringa è $stringa";
```

L'uso di `print` in questo modo funziona per i tipi di variabili scalari (a valore singolo): numeri e stringhe. Per i tipi di variabili complesse, array e oggetti, non è possibile utilizzare solo `print`:

```
print "_SERVER vale $_SERVER";
```

Come hai già visto, `print_r()` può gestire questi tipi non scalari e che tu abbia a che fare con variabili scalari o non scalari, non dimenticare che stampare i loro valori è un'eccellente tecnica di debug quando hai problemi con uno script.

Poiché i tipi di variabili non sono bloccati (PHP è indicato come un linguaggio di tipizzazione debole), possono essere modificati al volo:

```
$variable = 1;
```

```
$variabile = "Saluti";
```

Se stampassi ora il valore di `$variabile`, il risultato sarebbe `Saluti`.

Capitolo 8: Form e PHP

Il capitolo precedente ha fornito una breve introduzione al tema delle variabili. Sebbene creerai comunemente le tue variabili, utilizzerai spesso le variabili insieme ai moduli HTML.

I moduli sono un'unità fondamentale dei siti Web, che abilitano funzionalità come i sistemi di registrazione e accesso, capacità di ricerca e acquisti online.

Anche il sito più semplice ha bisogno di incorporare moduli HTML. Con PHP è incredibilmente semplice ricevere e gestire i dati generati.

Con questo in mente, questo capitolo tratterà le basi della creazione di moduli HTML e spiegherà come i dati del modulo inviato sono disponibili per uno script PHP.

Creazione di un modulo semplice

Per l'esempio del modulo HTML in questo capitolo, creerai una pagina di feedback che accetta il genere, il nome, l'indirizzo e-mail, il feedback e i commenti dell'utente. Il codice che genera un modulo è incluso tra l'apertura e tag di chiusura del `form`:

```
<form> elementi del modulo </form>
```

I tag del modulo determinano dove inizia e finisce un modulo. Ogni elemento del modulo deve essere inserito tra questi due tag. Il tag del modulo di apertura dovrebbe contenere anche un attributo `action` che indica la pagina a cui devono essere inviati i dati del modulo. Questo valore è una delle considerazioni più importanti quando crei un modulo.

In questo libro, gli attributi `action` puntano sempre agli script PHP:

```
<form action = "pagina.php">
```

Prima di creare questo modulo successivo, rivisitiamo brevemente l'argomento di HTML5. HTML5 introduce alcuni nuovi tipi di elementi del `form`, come `e-mail`, `number` e `url`. Questi tipi, che sono generalmente ben supportati dai browser attuali, forniscono ulteriori vantaggi rispetto a un semplice input di testo, tra cui:

- Convalida incorporata su browser (ad esempio, il browser verificherà che il testo inserito sia un indirizzo e-mail o URL sintatticamente valido).
- Migliore esperienza utente (ad esempio, una tastiera specifica per l'indirizzo e-mail presentata agli utenti mobili).

HTML5 introduce anche un attributo `required` che impedisce l'invio di un form senza aver inserito o selezionato un valore. Come nota finale, assegna a ciascun elemento del modulo il proprio nome univoco.

Attieniti a una convenzione di denominazione coerente quando si dai un nome agli elementi, utilizzando solo lettere, numeri e il trattino basso (_). Il risultato dovrebbe essere nomi che siano anche logici e descrittivi.

Per creare un modulo HTML di base:

1. Inizia un nuovo documento nel tuo editor di testo o IDE, da chiamare `feedback.html`:

```html
<! Doctype html>
<html lang="it">
 <head>
  <meta charset="utf-8" />
  <title>Modulo di
feedback</title>
```

```
</head>
<body>
 <div>
   <p>Completa questo modulo per
inviare il tuo feedback:</p>
 </div>
 </body>
</html>
```

2. Aggiungi il tag di apertura del modulo:

   `<form action = "elabora_form.php">`

   Il tag del modulo indica che questo modulo sarà inviato alla pagina `elabora_form.php`, che si trova nella stessa directory di questa pagina HTML. Puoi utilizzare un URL completo dello script PHP, se preferisci essere esplicito (ad esempio, `http://www.miosito.com/elabora_form.php`).

3. Aggiungi un menu di selezione più un testo da inserire per il nome della persona:

```
<p>
Nome:
<select name="title" required>
<option
value="M">Signor</option>
<option
value="F">Signora</option>
</select>
<input type="text" name="nome"
size="20" required />
</p>
```

Gli input per il nome della persona saranno costituiti da due elementi. Il primo è un menu a discesa: Signor e Signora. Ogni opzione elencata tra i tag di selezione è una risposta che l'utente può scegliere. Il secondo elemento è una casella di testo per il nome completo della persona. Probabilmente, questo elenco dovrebbe essere ampliato oppure potresti utilizzare un input di testo per consentire agli utenti di inserire altro. Ogni elemento del modulo, ad eccezione del pulsante di invio, avrà l'attributo `required`.

4. Aggiungi un input di testo per l'indirizzo e-mail dell'utente:

```
<p>Indirizzo e-mail: <input
type="email" name="email"
size="20" required>
</p>
```

Il tipo di input `email` è nuovo in HTML5. Sui browser che lo supportano ovvero tutti i più recenti, la convalida lato client è automatica.

5. Aggiungi pulsanti di opzione per una risposta:

```
<p>
```

Questo sito è

```
<input type="radio"
name="risposta" value="eccellente"
required />
```
eccellente

```
<input type="radio"
name="risposta" value="buono"
/>
```
buono

```
<input type="radio"
name="risposta"
value="da_migliorare" />
```
da migliorare

```
</p>
```

Questo codice HTML crea tre pulsanti di opzione e, poiché hanno tutti lo stesso valore per l'attributo `name`, è possibile selezionare solo uno dei tre alla volta. L'aggiunta dell'attributo `required` a uno di essi rende la selezione di uno di essi obbligatoria.

6. Aggiungi un'area di testo per registrare i commenti:

```
<p>Commenti:
  <textarea name="commenti"
rows="3" cols="30"
required></textarea>
</p>
```

Un'area di testo offre agli utenti di più spazio per inserire i commenti rispetto ad un input di testo.

Tuttavia, l'immissione di testo ti consente di limitare la quantità di informazioni che gli utenti possono inserire, cosa che non puoi fare con l'area di testo (non senza utilizzare JavaScript, cioè).

Quando crei un modulo, scegli i tipi di input appropriati alle informazioni che desideri recuperare dall'utente. Nota bene che un'area di testo ha un tag di chiusura, a differenza del tipo di input di testo.

7. Aggiungi il pulsante di invio:

```
<input type="submit" name="submit"
value="Invia" />
```

L'attributo del valore di un input di tipo submit è ciò che appare sul pulsante nel browser. Potresti anche usare una frase, ad esempio.

8. Chiudi il tag `form` e completa la pagina:

```
</form>
</div>
</body>
</html>
```

9. Salva la pagina come `feedback.html` e visualizzala nel tuo browser.

Poiché questa è una pagina HTML e non uno script PHP, puoi visualizzarla nel tuo browser direttamente dal tuo computer.

Scegliere un metodo

Lo sviluppatore HTML esperto noterà che al modulo di feedback appena creato manca una cosa: il tag iniziale del `form` non ha l'attributo di `method`. Questo attributo indica al server come trasmettere i dati dal modulo allo script di gestione. Hai due scelte con il metodo: GET e POST.

Per quanto riguarda i moduli, la differenza tra l'utilizzo di GET e POST è esattamente nel modo in cui le informazioni vengono passate dal modulo allo script di elaborazione.

Il metodo GET invia tutte le informazioni raccolte come parte dell'URL. Il metodo POST trasmette le informazioni in modo invisibile all'utente. Ad esempio, dopo aver inviato un modulo, se utilizzi il metodo GET, l'URL risultante sarà qualcosa come

```
http://miosito.com/pagina.php?nome=Mirko
&age=20&...
```

Dopo il nome dello script, `pagina.php`, è presente un punto interrogativo, seguito da una coppia nome = valore per ogni dato inviato. Quando si utilizza il metodo POST, l'utente finale vedrà solo `http://miosito.com/pagina.php`.

Quando si decide quale metodo utilizzare, bisogna tenere presenti questi quattro fattori:

- Con il metodo GET, è possibile passare una quantità limitata di informazioni.
- Il metodo GET invia i dati allo script di gestione pubblicamente (il che significa, ad esempio, che una password inserita in un modulo sarebbe visualizzabile da chiunque,

creando un rischio maggiore per la sicurezza).

- Una pagina generata da un modulo che utilizzava il metodo GET può essere aggiunta ai segnalibri, Questo non è possibile per una pagina basata su POST.

- Agli utenti verrà chiesto di riconfermare il modulo se tentano di ricaricare una pagina a cui si accede tramite POST, non verrà richiesto alle pagine accessibili tramite GET.

In generale, le richieste GET vengono utilizzate quando si richiedono informazioni al server. Le pagine di ricerca utilizzano quasi sempre GET (controlla gli URL la prossima volta che utilizzi un motore di ricerca), così come i siti che impaginano i risultati (come la possibilità di sfogliare categorie di prodotti).

Il metodo POST viene normalmente utilizzato per attivare un'azione basata sul server. Potrebbe essere l'invio di un modulo di contatto (risultato: viene inviata un'e-mail) o l'invio di un commento di un blog (risultato: un commento viene aggiunto al database e quindi alla pagina).

Di solito si utilizza POST quasi esclusivamente per la gestione dei form, sebbene sia possibile usare un'utile tecnica che coinvolge il metodo GET.

Per aggiungere un metodo a un modulo:

1. Apri `feedback.html` nell'editor di testo o nell'IDE, se non è già aperto.
2. All'interno del tag iniziale del form, aggiungi `method = "post"`. L'attributo del metodo del modulo indica al browser come inviare i dati del modulo allo script ricevente. Poiché potrebbero

esserci molti dati nell'invio del modulo (inclusi i commenti) e poiché non avrebbe senso per l'utente aggiungere ai segnalibri la pagina risultante, POST è il metodo da utilizzare.

3. Salva lo script e ricaricalo nel browser. È importante che tu prenda l'abitudine di ricaricare le pagine nel browser dopo aver apportato le modifiche. È abbastanza facile dimenticare questo passaggio e ritrovarti sconcertato quando le tue modifiche non vengono recepite.

4. Visualizza il sorgente della pagina per assicurarti che tutti gli elementi richiesti siano presenti e abbiano gli attributi corretti.

Programma e realizza applicazioni per il web con il linguaggio PHP

Vuoi imparare a programmare con PHP ma non sai da dove iniziare?

Vorresti creare applicazioni web dinamiche e di successo?

Ti piacerebbe perfezionare il tuo sito web e lavorare con i dati?

PHP è un linguaggio di programmazione multipiattaforma, semplice da imparare ed è utilizzato nella maggior parte dei siti web, proprio per questo motivo sta avendo un enorme successo. Con PHP è possibile creare siti web efficienti, sistemi di e-commerce e plugin per Wordpress.

Grazie a questo libro imparerai a realizzare siti e applicazioni web dinamiche e funzionali utilizzando il linguaggio di programmazione PHP. Dai principi fondamentali su cui si basa tale linguaggio, agli strumenti utili per installarlo. Step dopo step si passerà all'illustrazione delle sue funzioni più complesse fino ad arrivare alla creazione di una vera e propria pagina web. Il linguaggio semplice e gli esempi pratici ti permetteranno di imparare in maniera veloce. Un percorso di apprendimento facile ed immediato per capire come gestire/creare variabili e funzioni personalizzate!

Ecco che cosa otterrai da questo libro:

· Che cosa è l'PHP e come funziona

· Come installare PHP

· I passaggi per aggiungere CSS a una pagina web

· Gli step per creare una pagina HTML

· I passaggi per programmare in PHP e creare una pagina

· Come creare un nuovo script PHP sul tuo pc

· Testare uno script: come fare

· Inviare informazioni al browser sotto forma di testo e tag HTML

· Come stampare un messaggio

· Come usare lo spazio bianco quando si programma in PHP

· Gli step per aggiungere commenti a uno script

· Debug

· Come utilizzare print

· Gli step per creare variabili e assegnare valori

· La creazione di un modulo semplice

· Come aggiungere un metodo a un modulo

· E molto di più!

Il linguaggio PHP è facile da usare e molto adattabile. Proprio per questo motivo è considerato il linguaggio di programmazione del futuro!

ISBN 9798563826250

90000

9 798563 826250